LIEBE

Dies ist ein Werk der Fiktion. Namen, Personen, Orte und Begebenheiten sind entweder der Phantasie des Autors entsprungen oder werden fiktiv verwendet. Jede Ähnlichkeit mit tatsächlichen lebenden oder toten Personen, Ereignissen oder Orten ist rein zufällig.

Copyright © 2021 by Verlag Fantastic Fables

Alle Rechte Vorbehalten. Kein Teil dieses Buches darf ohne schriftliche Genehmigung des Urheberrechtsinhabers vervielfältigt oder in irgendeiner Weise verwendet werden, mit Ausnahme der Verwendung von Zitaten in einer Buchbesprechung.

Ein weiser Kaninchen rivalisiert mit einem mächtigen Löwen
ISBN 978-1-990544-22-4 (Paperback)
ISBN 978-1-990544-23-1 (Ebook)

Eine Veröffentlichung von Fantastic Fables

Es gab einen dichten Wald voller wilder Tiere. Der Wald war so dicht, dass einige Teile sogar bei Tageslicht im Dunkeln lagen. Alle Tiere, von klein bis groß, lebten und jagten im selben Dschungel, aber sie hatten alle Angst vor einem wilden Löwen. Einem Löwen, dessen Gebrüll selbst die größten von ihnen in Angst und Schrecken versetzte. Wenn er am Morgen auf Nahrungssuche ging, suchten selbst die wildesten unter ihnen ein Versteck. Er nahm sich, was immer er an diesem Tag begehrte. Keiner wagte es, sich seinem Willen zu widersetzen.

Aber eines Tages, nachdem der Löwe mit seiner Beute weggegangen war, stand der Fuchs auf einem hohen Felsen und sagte: „Kommt heraus! Oh, Tiere dieses Waldes. Kommt heraus und hört auf meinen Rat!"

Der Fuchs hatte den Ruf, unter den Tieren schlau zu sein. So kamen sie näher und versammelten sich um ihn. „Was ist denn jetzt los? Ich bin nicht in der Stimmung, mir irgendeinen Unsinn anzuhören. Der Löwe hat mir meinen Sohn weggenommen.", begann der Hirsch zu schluchzen.

„Ja, dieser Fuchs ist sehr schlau. Er wird sicher etwas sagen, um uns zu täuschen und sich selbst Vorteile zu verschaffen. Er benutzt nur andere.", fügte die Schildkröte hinzu. Sie war der beste Freund des Rehs und war sehr traurig über den Verlust ihres Freundes.

„Du warst letzte Nacht nicht hier, mein Bruder. Du weißt nicht, wie wir uns alle letzte Nacht retten mussten.", sprach der Ochse zu der Antilope, die in der Nacht zuvor aus dem Dschungel gekommen war.

Der Bär sagte: „Jawohl, er hat recht! Gott sei Dank! Letzte Nacht habe ich einen großen und dichten Baum gefunden und bin darauf geklettert, um mich vor dem Löwen zu verstecken."

„Und ich hatte das Glück, ein geheimes Loch in einem Felsen zu finden und meine Familie zu retten. Deshalb bin ich heute noch am Leben.", fügte das Kaninchen hinzu.

Langsam versammelten sich alle Tiere und begannen, ihre Überlebenstaktiken auszutauschen, ohne den Fuchs zu beachten. Der Fuchs wurde frustriert und rief: „Haltet die Klappe, ihr Narren, und hört mir zu. Es geht hier um unser Leben. Wie lange könnt ihr diesen Löwen überleben? Ihr wisst alle, wie stark sein Sehvermögen ist. Er kennt den ganzen Wald. Alle eure Verstecke wird er auf die eine oder andere Weise finden."

„Also, was sollen wir tun? Ihn bekämpfen? Du schlägst vor, dass wir ihn bekämpfen sollen.", sagte das Reh wütend. „Ich habe meinen Sohn verloren. Was könnte ich tun, außer ihm elendig zusehen und seine schmerzhaften Schreie aus der Ferne zu hören? Ich könnte es mir definitiv nicht leisten, gegen ihn zu kämpfen. Oder doch? Er ist viel mächtiger als jeder von uns, und selbst wenn ich versuche, ihn zu bekämpfen, werde ich nicht nur scheitern, sondern er wird auch den Rest meiner Kinder fressen!" Das Reh schrie und brach dann in Tränen aus.

„Ja, er hat recht. Wir können ihn nicht bekämpfen. Wer wagt es, in seine Höhle zu gehen? Das ist das Gesetz des Dschungels: Die Starken überleben, und die Schwachen werden gejagt. Habt ihr noch nie etwas vom Überleben des Stärkeren gehört? Hm.", sagte der Affe sarkastisch. „Ich danke dir, Gott, dass du mir die Fähigkeit gegeben hast, auf hohe Bäume zu klettern. Vielen Dank.", neckte er die anderen. Die Tiere ignorierten ihn wie immer.

„Könnt ihr mir nicht bitte zuhören? Sein ängstliches Gebrüll frustriert mich jeden Tag. Die Hälfte unseres Tages vergeuden wir damit, uns vor ihm zu verstecken, und manchmal müssen wir nachts hungrig ins Bett gehen. Ich denke über einen Handel mit dem Löwen nach.", sagte der Fuchs.

„Was für ein Handel.", fragte das Nashorn eilig.

„Ruhig, Hornkopf. Was ich euch jetzt sage, müsst ihr euch alle genau anhören.", sagte der Fuchs. „Warum opfern wir ihm nicht

täglich in seinem Bau, sodass wir unseren Tag leben können, ohne Angst zu haben, dass er kommt? Wir könnten frei jagen und unsere Familie ernähren. Wir wissen doch alle, dass er uns eines Tages holen wird."

Die Tiere wurden wütend, als sie das Angebot des Fuchses hörten.

„Bist du verrückt? Warum sollten wir uns anbieten, wenn wir überleben können, indem wir uns verstecken.", sagte der Bär, „Der Fuchs denkt, dass er der einzige kluge Kopf hier ist. Ich werde mich ihm nicht hingeben! Ich werde kämpfen, wenn er mich jagt."

„Du denkst, du bist so schlau? Dann kämpfe doch gegen ihn.", sagte der Fuchs wütend zum Bären. Er drehte sich zu den anderen Tieren um und sagte: „Ich fordere euch alle auf, heute Abend über diesen Handel nachzudenken und mir morgen nach der Löwenjagd eure Entscheidung mitzuteilen."

Die Tiere gingen und tuschelten über das törichte Geschäft. Niemand war überzeugt.

Das Reh ging zu ihrem Haus, das unter einem großen Baum stand. Sie lebte mit ihren vier Kindern unter diesem Baum und weidete tagsüber in seiner Nähe. Eines ihrer Kinder wurde heute von dem Löwen gefressen. Die übrigen drei Kinder rannten sofort zu ihr, als sie ihn sahen. Sie zitterten vor Angst und versteckten sich hinter den Büschen, um auf ihre Mutter zu warten. „Mutter! Mutter! Wo warst du.", fingen sie an zu weinen.

Sie umarmte sie. „Es ist alles in Ordnung, meine Kinder. Habt keine Angst, ich bin hier.", sagte sie zu ihnen und schluckte den Tränenkloß in ihrem Hals hinunter. Sie musste vor ihren unschuldigen Kindern stark wirken.

„Wo hat der Löwe unseren Bruder hingebracht? Wird er uns auch mitnehmen? Ich will nicht mit ihm gehen, Mutter.", sagte eines von ihnen.

„Ich werde ab morgen nicht mehr auf die Weide gehen. Ich habe Angst, dass er jederzeit kommen kann.", fügte der andere hinzu.

„Nein, meine Kinder. Ihr braucht keine Angst zu haben. Er wird nicht mehr hierherkommen. Schlaft ein.", zog sie sie an sich und machte ihnen falsche Hoffnungen. *Vielleicht hatte der Fuchs recht. Wenn wir diesen Handel eingehen, müssen wir und unsere Kinder wenigstens nicht jede Sekunde mit dieser Angst leben*, dachte sie sich, während sie die Augen schloss.

Dann kam der nächste Tag. Der wilde Löwe betrat den Wald und roch den Geruch des Bären. Als er den Bären sah, der sich im Baum versteckt hatte, brüllte er, als er unter ihm stand. Der ganze Wald erbebte und die Luft stand still. In der tödlichen Stille hörten die Tiere, die sich in der Nähe versteckten, das Echo seines Brüllens.

Der Löwe packte den Fuß des großen Bären mit einem einzigen Sprung und zerrte ihn zu Boden. Da war der Bär schon bereit, sich zu wehren. Dann brüllten beide wütend und gingen mit ihren Muskeln aufeinander los. Nach vielen Schlägen, Kratzern und mehrmaligem Wegschleudern zerfleischten die kräftigen Klauen des Löwen den Bären und ließen ihn leblos zurück. Die Kraft des Bären verblasste vor dem Löwen. Er fraß und schleppte den übrig gebliebenen Körper in seine Höhle.

Die Tiere waren nun vor Angst und Hoffnungslosigkeit außer sich. Das Reh hatte seinen besten Freund, die Schildkröte, bereits davon überzeugt, auf den Deal einzugehen, den der Fuchs vorgeschlagen hatte. Und so sprachen die beiden mit den anderen Tieren des Dschungels.

„Meine Freunde, ihr habt bereits das Ende des Bären gesehen, der mit dem Löwen kämpfen wollte. Es bleibt uns nichts anderes übrig, als diesen Handel einzugehen. Der Tod ist unausweichlich, aber in der

Angst vor dem Tod zu leben ist es nicht! Lasst es uns tun.", sagte die Schildkröte.

Sie waren sich alle einig, gingen zum Fuchs und sagten: „Wir glauben, dass du recht hattest. Rebellisch zu sein oder zu versuchen, gegen den Löwen zu gewinnen, wird uns nichts nützen. Es wird uns sogar noch mehr Schaden zufügen. Wir sollten über die Abmachung mit dem Löwen nachdenken. Was müssen wir jetzt tun?"

Am Abend gingen sie alle in die Höhle des Löwen. Sie waren ängstlich und hatten Angst zu sprechen. Der Löwe war erstaunt, sie alle zu sehen.

„Wir ... kommen ..., um einen Deal mit euch zu machen.", stotterte der Fuchs.

Der Löwe stand auf und hob die Augenbrauen.

„Wir wollen euch jeden Tag einen von uns anbieten, aus freien Stücken. So müsst ihr nicht kommen und uns im Dschungel jagen, und wir können den ganzen Tag leben und jagen, ohne Angst zu haben, von euch gejagt zu werden.", sagte der Fuchs.

Es herrschte eine lange Stille.

Nachdem er einige Augenblicke nachgedacht hatte, näherte sich der Löwe dem Fuchs und sagte mit seiner schweren Stimme: „Ist das eine List oder bist du heute ehrlich mit deinen Worten?"

Der Fuchs blickte ängstlich zu Boden und sagte: „Oh König! Vertraue mir, denn ich bin mit allen Tieren des Waldes gekommen."

„Hmm ...", kletterte der Löwe auf einen Felsen und dachte darüber nach. „Also gut, ich nehme eure Abmachung an.", verkündete der Löwe. „Wenn ihr euch alle an die Abmachung haltet, komme ich nicht zum Jagen. ABER!" Der Löwe trat vor alle Tiere und brüllte: „Wenn ich bei euch eine Täuschung rieche, dann habt ihr alle gesehen, was heute mit dem Bären passiert ist."

Sie kamen alle zurück. Sie hatten es geschafft, aber zu welchem Preis? Alle waren verärgert. Sie hatten sich vor der Angst vor dem Tod gerettet, oder doch nicht? „Was haben wir getan. Mir tut das Herz weh. Ich habe euch doch gesagt, dass das eine dumme Idee ist. Wer wird die erste Beute sein? Niemand wird dazu bereit sein.", sagte die Antilope wütend.

Nun versammelten sich alle Tiere und überlegten, wer das nächste Futter für den Löwen sein würde. Die Antilope hatte recht. Niemand war bereit, sich zuerst anzubieten. Schließlich wurde beschlossen, das Los zu ziehen, und der Unglückliche musste dem Löwen zum Fraß vorgeworfen werden.

„Das ist so dumm. Wir hatten Angst vor dem Tod, und um ihm zu entkommen, tappen wir in diese neue Falle des schlauen Fuchses. Zuerst fürchteten wir uns jede Sekunde vor dem Löwen, jetzt fürchten wir uns jeden Abend vor dieser dummen Versammlung, bei der wir Lose ziehen werden. Jeder wird sich davor fürchten, seinen Namen auf dem Zettel zu hören. Es wird viel schwieriger sein, zur Höhle zu gehen, wenn wir hoffnungslos sind. Als der Löwe uns gejagt hat, hatten wir wenigstens die Hoffnung, dass wir entkommen könnten. Das ist pure Dummheit.", sagte ein altes, weises Zebra.

„Jetzt ist nicht der richtige Zeitpunkt, um an solche Dummheiten zu denken. Ihr habt euch alle geeinigt. Ich habe niemanden gezwungen. Jetzt haben wir die Abmachung getroffen. Ihr wisst sehr wohl, was passiert, wenn wir sie nicht einhalten. Außerdem hast du unrecht! NEIN! Wir werden nicht den ganzen Tag in der gleichen Angst leben. Wenn wir sehen, dass wir heute nicht an der Reihe sind, werden wir uns den ganzen Tag über entspannt fühlen, bis es wieder Zeit ist, das Los zu ziehen. Dann spüren wir für einige Zeit die Angst bei der Auslosung und wieder eine Entspannung von einem ganzen Tag, wenn unser Name nicht gezogen wird. Abgesehen davon wird nur ein Tier in

Angst leben, nämlich das, dessen Name gezogen wird! Der Rest von uns wird frei leben. Verstehst du nicht? Das Leiden des einen, aber die Erleichterung für den Rest. Das ist keine schlechte Idee.", antwortete der Fuchs. Er war wirklich schlau. Alle stimmten zu, und so wurde das Gesetz erlassen.

Schließlich wurde eines Tages der Name eines Kaninchens genannt. Es war erschüttert von der Vorstellung, vom Löwen gefressen zu werden. Nach Sonnenaufgang kam es zu den Tieren und sagte: „Ich kann diesen Handel nicht akzeptieren! Wie viele Tiere müssen noch wegen dieses grausamen Löwen leiden.", rief das Kaninchen.

Eines der Tiere sagte: „Wir haben diesen Vertrag mit dem Löwen in Anwesenheit aller geschlossen. Viele haben ihr Leben geopfert, um diese Abmachung einzuhalten. Du bist nichts Besonderes. Du musst gehen. Er wartet auf sein Futter."

Das Kaninchen ertrank in Gedanken.

„Beleidige uns und dieses Geschäft nicht. Geh schnell. Sonst wird der Löwe wütend, und unser Leben steht auf dem Spiel.", sagte der Fuchs.

„Meine Freunde, gebt mir etwas Zeit zum Nachdenken. Vielleicht kann mein Plan uns alle vor diesem Unglück bewahren."

„Hör zu, du Idiot! Du bist nur ein Kaninchen, also benimm dich auch wie eines. Unsere Freunde, die viel muskulöser sind als du, sind tot. Hast du den Tod des Bären vergessen.", sagte das Nashorn.

„Es geht nicht um die Größe des Körpers oder die Kraft der Muskeln. Es geht darum, den Verstand einzusetzen und um Gottes Hilfe zu beten. Vielleicht hat er mich mit einem klugen Plan ausgestattet, der uns alle vor dem Löwen retten würde. Was eine Honigbiene kann, kann ein Hirsch nicht. Es kommt nicht auf die Größe des Körpers an. Was der Geist erdenken und glauben kann, kann er auch erreichen.", antwortete das Kaninchen.

Die Tiere waren von der Rede des Kaninchens begeistert.

Der Fuchs sagte: „Also gut, Kaninchen. Erzähle uns etwas über deinen Plan. Es muss ein genialer Plan sein, denn du hast vor, es mit dem wildesten Löwen aufzunehmen. Vielleicht können wir dir helfen."

„Es ist mein geheimer Plan. Ich kann es euch nicht sagen, meine Freunde. Aber ich werde mein Bestes tun. Betet einfach für meinen Erfolg. Ich werde euch alle nicht enttäuschen." Das Kaninchen ging und ließ sie ratlos zurück.

Das Kaninchen kam nach Hause zurück. Sein Freund wartete schon auf ihn. Er umarmte ihn. Er war gekommen, um sich von ihm zu verabschieden. „Ich werde dich so sehr vermissen, Hase. Diese Welt ist so grausam, dass sie dich mir wegnimmt. Ich erinnere mich noch daran, wie wir beide herumhüpften und auf der Wiese spielten. Wir haben gegessen, bis unsere Mägen so voll waren, dass wir uns nicht mehr bewegen konnten. Dann legten wir uns in der schönen, warmen Sonne auf die Wiese und redeten stundenlang. Das waren schöne Tage. Ich wünschte, du müsstest nicht gehen. Ich werde deinen Verlust nicht ertragen können." Er fing an, zu weinen wie ein kleines Kind.

Das Kaninchen umarmte ihn und sagte: „Keine Sorge, Kumpel! Ich habe einen Plan. Ich werde den Tod deines Vaters rächen, der von diesem Löwen gefressen wurde, und auch uns und alle anderen Tiere vor ihm retten. Bete einfach für mich." Er lächelte. „Wünsch mir Glück. Ich muss los!" Sie schüttelten sich die Hände.

Das Kaninchen war also eine Stunde lang auf halbem Weg zur Löwenhöhle. Es war absichtlich zu spät dran. Das war der erste wichtige Schritt in seinem Plan. In der Höhle kochte das Blut des Löwen vor Wut. Wütend kratzte er seine Krallen an den Felsen.

„ICH WUSSTE ES!... Ich wusste, dass dies eines Tages passieren würde. Sie würden mich betrügen und die Abmachung nicht einhalten. Und jetzt bin ich am Verhungern."

Der Löwe sprang auf und brüllte, um in den Wald zu gehen. Aber das Kaninchen war genau zu diesem Zeitpunkt angekommen und dorthin gelaufen. Schwer atmend fiel es dem Löwen zu Füßen. Nachdem es wieder zu Atem gekommen war, verneigte es sich vor dem Löwen.

„Grrrr ... Jetzt bist du gekommen! Ich war kurz davor, in den Wald zu kommen und euch die Haut abzuziehen, ihr Verräter!"

„Ich bin nicht ... wir sind keine Verräter, mein König. Aber ich habe eine Rechtfertigung für diese Verzögerung. Wenn Ihr mir erlaubt zu sprechen, werde ich Euch den Grund nennen. Ansonsten könnt Ihr Euer Essen haben.", sagte das Kaninchen unterwürfig.

„Sag es mir! Sag mir, wer dich daran gehindert hat, zu kommen. Das wird mein nächstes Abendessen sein.", fragte der Löwe wütend.

Das Kaninchen spielte nun seinen nächsten Zug: „Ich ... ich wollte mit einem Freund pünktlich zu eurem Bau kommen. Ich sagte ihm, er solle mich begleiten, denn es wäre das letzte Mal, dass wir zusammen sein könnten. Aber ...", er zögerte.

„Erzähl mir schneller.", brüllte der Löwe.

„Aber da war ein anderer Löwe, der sich auf uns stürzte. Wir sagten zu ihm, dass wir die Diener eines mächtigen Löwenkönigs sind. Er ist der König des Dschungels. Und wir werden unsere Abmachung erfüllen.", sagte das Kaninchen. „Dann sagte er: 'Wer ist dieser Löwe? Ich werde ihn auch zerreißen.' Er hielt auch meinen lieben Freund als Geisel." Das Kaninchen fuhr ängstlich fort: „Ich bitte dich, mein König. Bitte komm mit mir und erteile diesem Löwen, der deine Herrschaft über den Dschungel infrage stellt, eine Lektion. Er bat mich, allen Tieren zu befehlen, ihm zu gehorchen und ihn zu ihrem König zu machen. Er will dein Territorium an sich reißen, mein König. Dieser Dschungel gehört dir. Er ist in dein Gebiet eingedrungen. Ihr solltet ihn um jeden Preis zu Eurer nächsten Mahlzeit machen, mein Herr!"

Der Löwe war hungrig und wütend. Das trübte seine Gedanken. „Komm mit mir!" Er sprang auf und lief zusammen mit dem Kaninchen in Richtung Dschungel. „Führe mich zu ihm, und wenn du nicht treu bist, werde ich dir eine Lektion erteilen."

Nun war es an der Zeit, den letzten Zug zu spielen. Das Kaninchen führte den Löwen in den dunkelsten Teil des Dschungels. Der Weg war lang, was den Löwen noch mehr frustrierte. Das war der Plan des Kaninchens, um den Löwen zu einer spontanen Reaktion zu bewegen und ihm weniger Zeit zum Nachdenken zu lassen.

Das Kaninchen blieb in einiger Entfernung von einem Brunnen stehen. Der Brunnen war tief, hatte aber etwas Wasser. Das Kaninchen sagte: „Ich kann nicht allein weitergehen. Der Löwe lebt in diesem Brunnen und hat meinen Freund bei sich. Mein Körper zittert vor seiner Angst. Aber wenn du mit mir an den Rand des Brunnens kommst, werde ich es dir zeigen. Bitte komm und erteile dem Löwen eine Lektion. Zeig ihm, wie mächtig und stark du bist!"

„Na gut! Ich kann nicht mehr warten! Ich bin hungrig! Es ist an der Zeit, diesem Löwen meine Macht zu zeigen.", brüllte der Löwe, und beide sprangen an den Rand des Brunnens.

„Oh mein Gott! Da ist der Löwe und mein Freund ist bei ihm! OH, JETZT BIN ICH TOT.", rief das Kaninchen und zeigte auf das Spiegelbild der beiden im Wasser in der Tiefe des Brunnens.

Der Löwe war verwirrt und sprang in den Brunnen, um gegen den anderen Löwen zu kämpfen. Es dauerte einige Zeit, bis der Löwe den Grund des Brunnens erreichte, da er sehr tief war. Er war törichterweise gesprungen, als er sein Spiegelbild sah, und schlug auf den Felsen am Grund auf. So kam er ums Leben. Es war der Brunnen seiner Grausamkeit, in den er zu fallen verdiente. Der Plan des Kaninchens war ein Erfolg.

Das Kaninchen rannte fröhlich in den Wald. Er ging mitten unter sie und rief: „DER LÖWE IST TOT! Jetzt ist er weg!'

Die Tiere umkreisten ihn und fragten: „Wie hast du das gemacht? Wie kannst du es allein mit dem Löwen aufnehmen, wenn alle anderen starken Tiere versagt haben?"

„Ich habe euch gesagt, dass es Gottes Hilfe war, meine lieben Freunde. Er schenkte mir, einem kleinen Tier, diesen Plan."

Dann erzählte er ihnen die ganze Geschichte, wie er absichtlich zu spät in die Höhle des Löwen ging und sich eine Geschichte über einen imaginären Löwen ausdachte. Er wusste, dass die Arroganz des Löwen zusammen mit dem Hunger ihn frustrieren würde, und er würde in den Brunnen springen, ohne darüber nachzudenken, dass der Löwe im Brunnen sein eigenes Spiegelbild war.

Alle dankten dem Kaninchen und sahen es mit dankbaren Augen an. „Du hast den Tod unserer Lieben gerächt. Wir stehen in deiner Schuld. Du kannst uns jederzeit um Hilfe bitten, wenn du sie brauchst. Wir werden immer für dich da sein, Amigo.", sagte die Schildkröte im Namen aller anderen Tiere. Sie alle feierten.

Danach lebten die Tiere ihr Leben im Wald, frei von der Angst vor dem grausamen Löwen.

Moral

Die Ungerechtigkeit eines Tyrannen ist ein dunkler Brunnen. Je mehr Ungerechtigkeit man tut, desto tiefer ist der Brunnen. Auch wenn du ein starker Löwe oder ein riesiger Elefant bist, sei niemals grausam zu anderen. Gott ist mit den Schwachen, wenn man ihn um Hilfe bittet. Ein Tyrann lebt nicht ewig, aber der Fluch, der auf ihm lastet, bleibt ewig bestehen!

Seid freundlich und respektvoll zueinander. Bittet in schlechten Zeiten immer wieder um Gottes Hilfe. Und denkt daran, dass der wahre Löwe derjenige ist, der sich selbst davon abhält, anderen unrecht zu tun, und den Unterdrückten hilft.

ISBN 978-1-990544-22-4 (Paperback)
ISBN 978-1-990544-23-1 (Ebook)

ISBN 978-1-990544-20-0 (Paperback)
ISBN 978-1-990544-21-7 (Ebook)

ISBN 978-1-990544-26-2 (Paperback)
ISBN 978-1-990544-27-9 (Ebook)

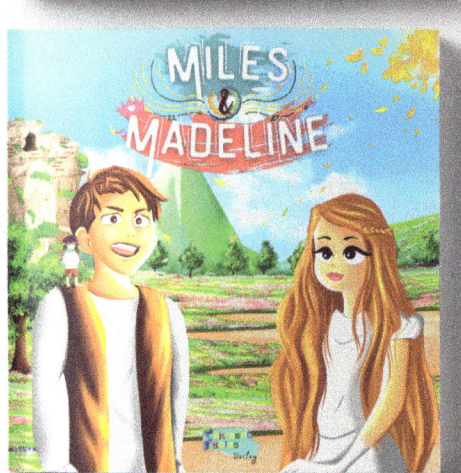

ISBN 978-1-990544-24-8 (Paperback)
ISBN 978-1-990544-25-5 (Ebook)

ISBN 978-1-990544-28-6 (Paperback)
ISBN 978-1-990544-29-3 (Ebook)

www.ingramcontent.com/pod-product-compliance
Lightning Source LLC
Chambersburg PA
CBHW061107070526
44579CB00011B/172